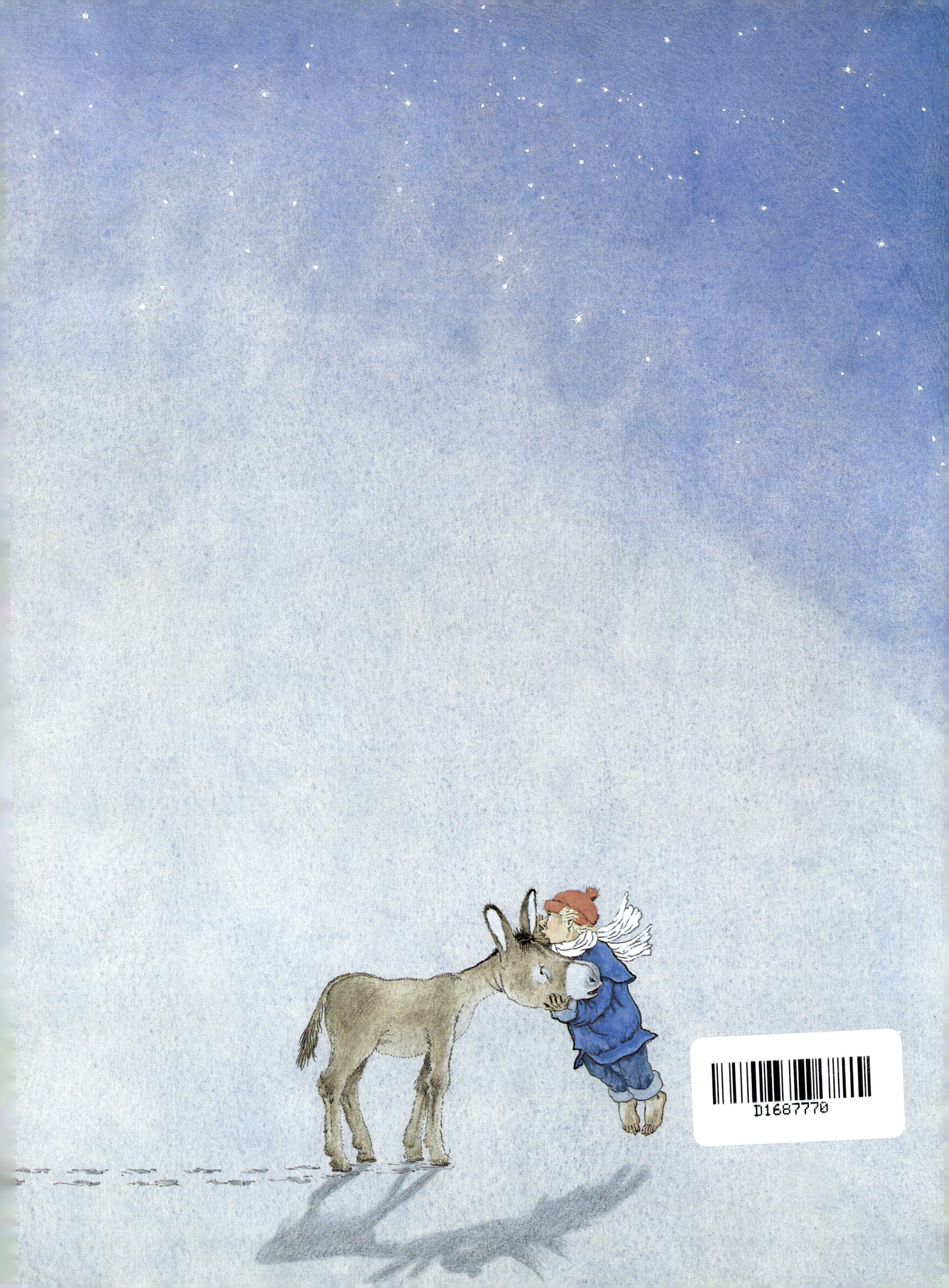

Die Deutsche Bibliothek – CIP-Einheitsaufnahme
Das Eselchen und der kleine Engel /
Otfried Preußler; Julian Jusim. –
Stuttgart; Wien: Thienemann, 1993
ISBN 3 522 43156 1
NE: Preußler, Otfried; Jusim, Julian

Schrift: Cheltenham Book
Satz: Satzteam Ditzingen
Reproduktionen: Reproteam Siefert, Ulm
Druck und Bindung: Proost N.V., Turnhout
© 1993 by K. Thienemanns Verlag, Stuttgart – Wien
Printed in Belgium. Alle Rechte vorbehalten.
5 4 3 2 1 93 94 95 96 97

Otfried Preußler – Julian Jusim
Das Eselchen und der kleine Engel

Thienemann

Es war einmal ein kleiner Esel, der war erst kürzlich zur Welt gekommen. Der Schnee auf den Feldern und Wiesen lag mindestens einen halben Meter hoch, in den Wäldern klirrte der Frost. Das Eselchen räkelte sich im Stall auf dem Stroh, seine Mutter wärmte es zärtlich mit ihrem Atem.

Manchmal erzählte sie ihm zum Einschlafen die Geschichte von jener Eselin, die vorzeiten im Stall zu Bethlehem das liebe Jesulein in der Krippe mit ihrem Atem hat wärmen dürfen, gemeinsam mit einem Ochsen: das war nun schon tausend und tausend Jahre her.

Immer wieder mußte sie dem Eselchen die Geschichte vom Gotteskind in der Krippe erzählen; es schlief sich so schön dabei ein, während draußen der Wind um den Stall fuhr.

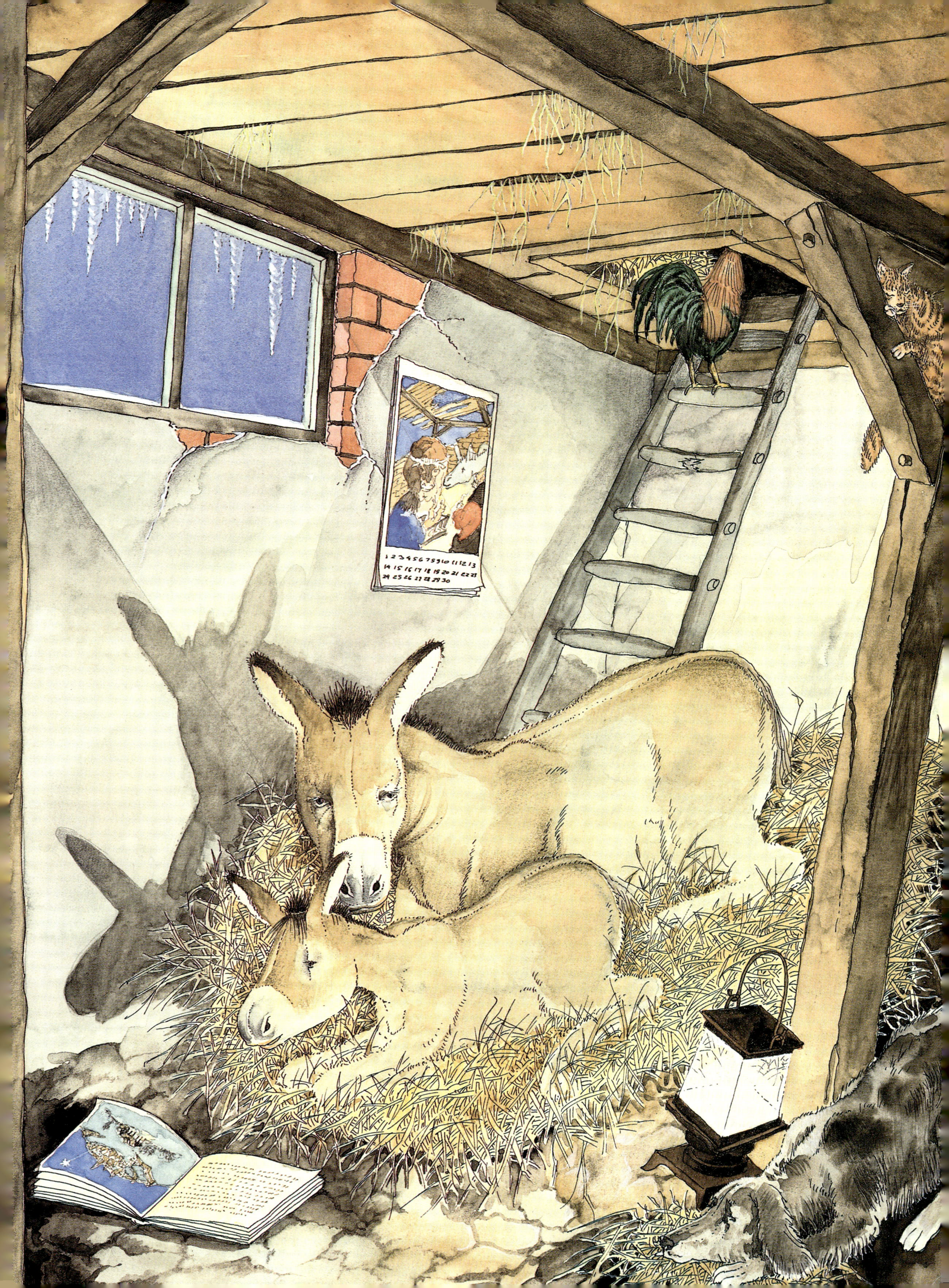

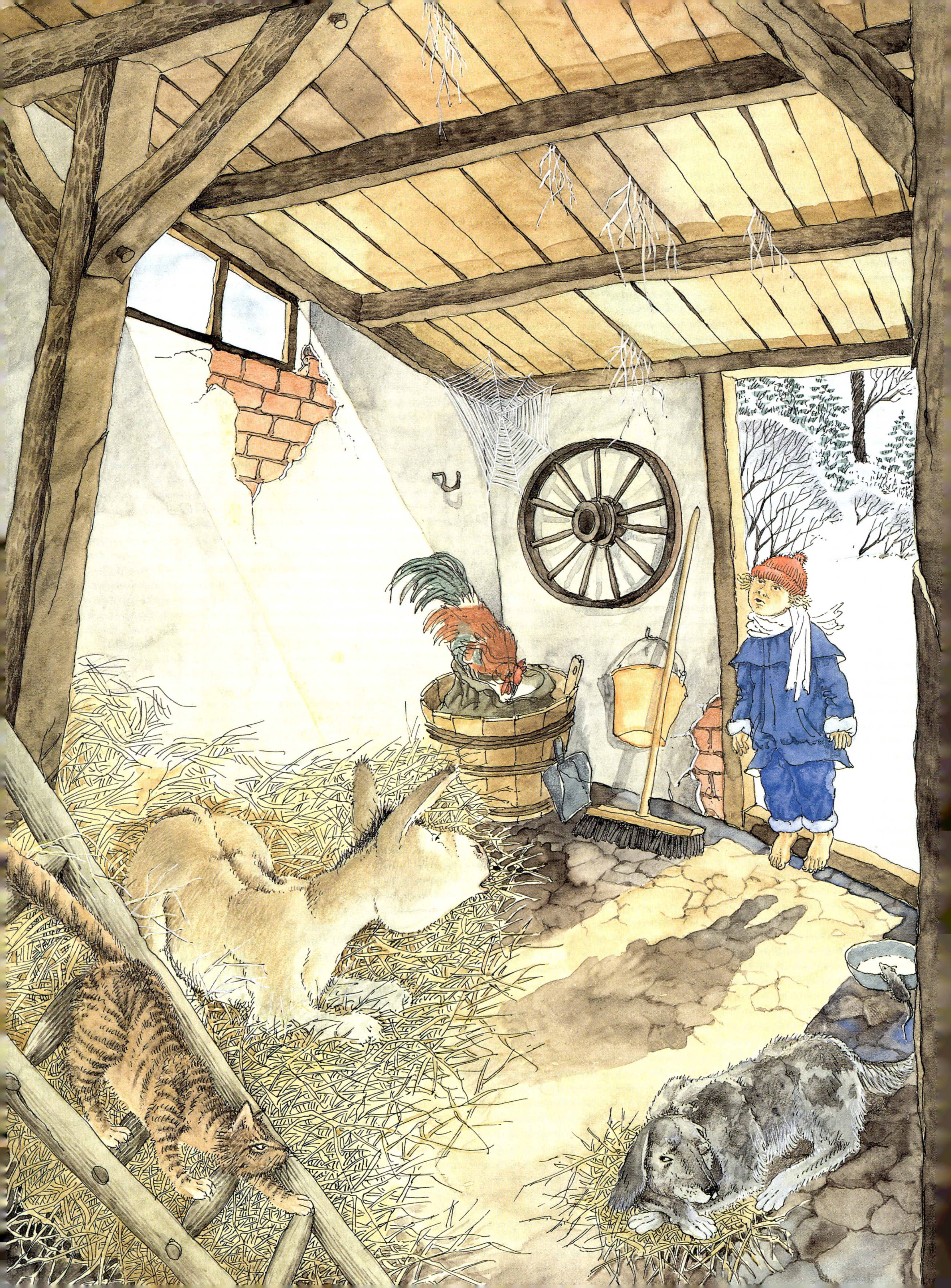

Eines Tages erwachte das Eselchen – aber wo war die Mutter? Das Eselchen spitzte die Ohren, es blickte sich ängstlich um. Da gewahrte er nahe der Stalltür ein kleines Mädchen – oder war es ein kleiner Junge? Nahe der Tür stand ein kleiner Engel, er trug eine Pudelmütze und warme Hosen, er trug eine dicke Jacke, ein wollenes Tuch um den Hals, im übrigen war er barfuß: das Kind mit den nackten Füßen mußte wirklich ein Engel sein.

„Du suchst deine Mutter?" sagte der kleine Engel. „Die ist doch im Stall zu Bethlehem bei der Krippe, dort wärmt sie mit ihrem Atem das liebe Jesulein. Soll ich dich hinführen? – es ist gar nicht weit."

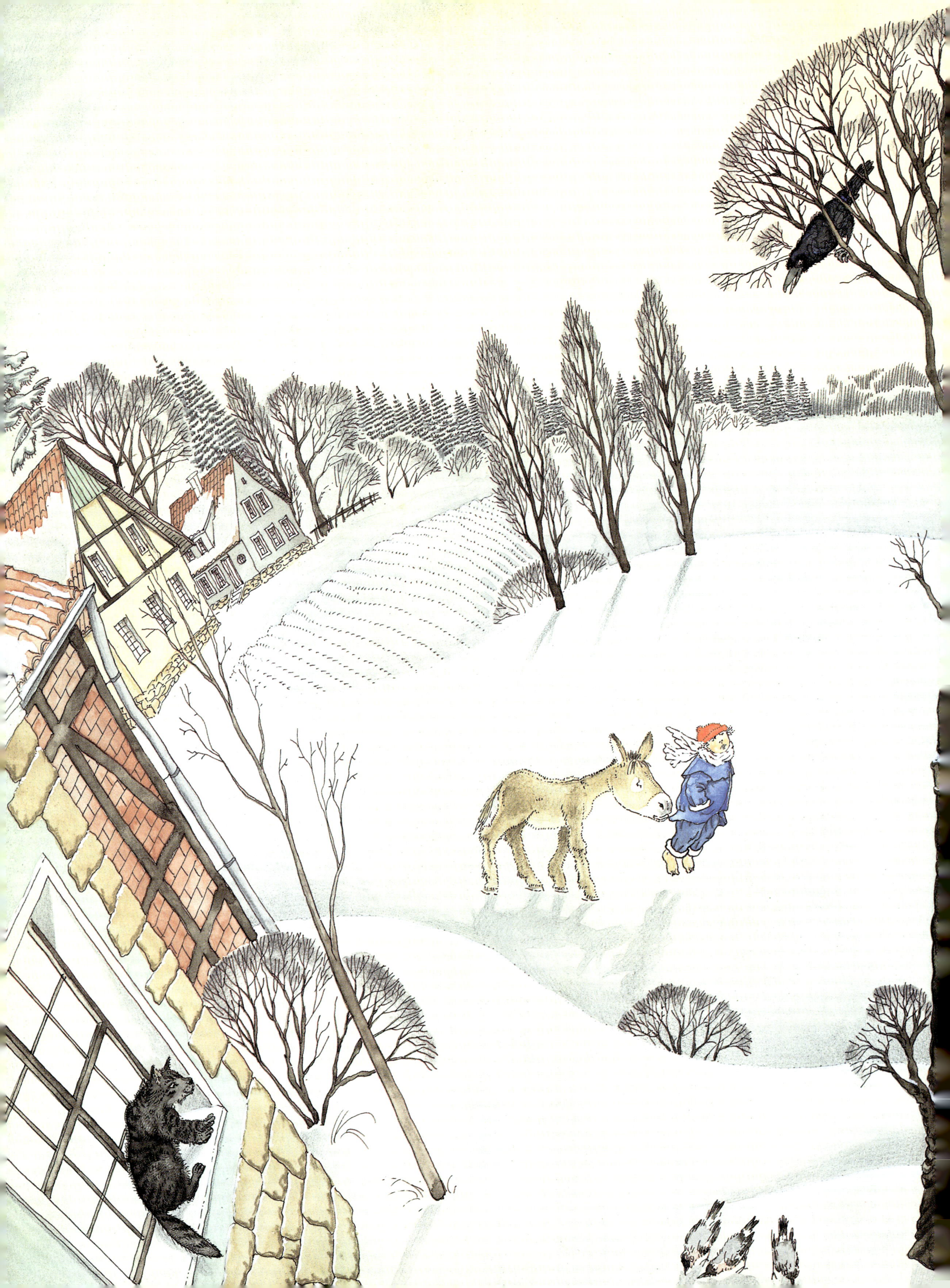

Was sollte der kleine Esel dem Engel antworten? Er stieß ein lautes I-A aus, das hörte sich an wie ein freudiges Ja.
Im Dorf war es dämmrig geworden. Mit roten Wangen und roten Ohren kamen die Kinder vom Schlittenfahren zurück. Wohin sie denn wollten, das Eselchen und der kleine Engel?
„Wir wollen zum lieben Jesulein in der Krippe, im Stall von Bethlehem."

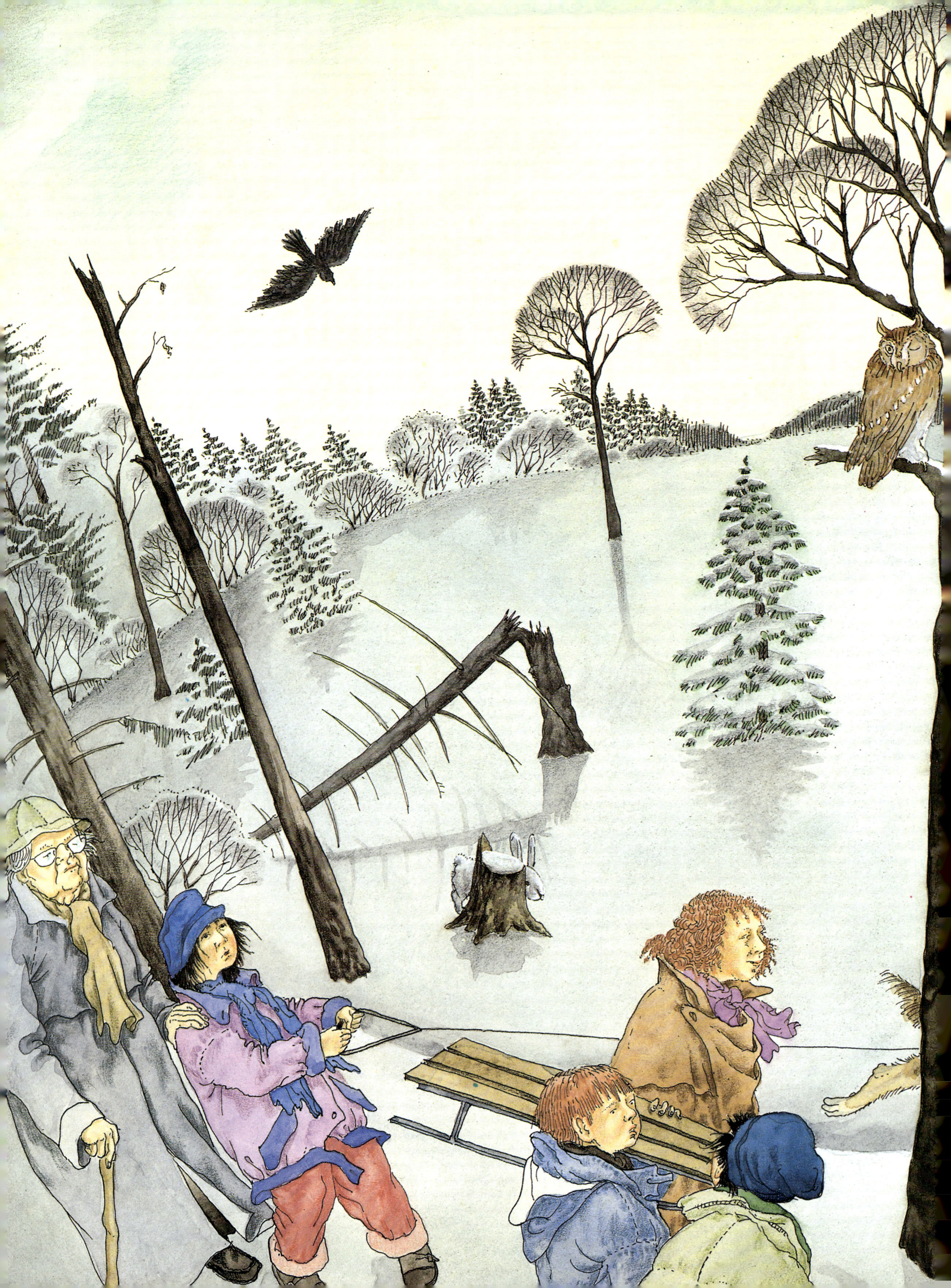

Ja so? Die Kinder hatten es kaum gehört, da fragten sie schon, ob sie mitkommen dürften.
Das Eselchen blickte den kleinen Engel an, der kleine Engel das Eselchen. Das Eselchen ließ ein lautes I-A hören, und so kamen die Kinder mit.
Auch zwei Mütter und eine Großmutter, die zufällig in der Nähe standen, schlossen sich ihnen an.

Neben der Dorfkirche war der Bäckerladen, die Bäckersfrau schaute zum Fenster heraus. Wohin sie denn wollten, der kleine Engel, das Eselchen und die Kinder, die Großmutter und die beiden Mütter?
„Wir wollen zum lieben Jesulein in der Krippe, im Stall von Bethlehem."
Ja so? Die Bäckersfrau hatte es kaum gehört, da fragte sie schon, ob sie mitkommen dürften: sie selber, ihr Mann und der Bäckerjunge?
Das Eselchen blickte den kleinen Engel an, der kleine Engel das Eselchen. Das Eselchen ließ ein lautes I-A hören, und so kamen sie alle mit.

BÄCKEREI

Sie wanderten über das weite Feld, dort trafen sie einen Schäfer mit seinen Hunden und seinen Schafen. Die beiden Hunde umkreisten die Herde, die Schafe und Lämmer drängten sich dicht zusammen. Der Schäfer fragte das Eselchen und den kleinen Engel, wohin sie denn wollten – sie und die Kinder, die beiden Mütter, die Großmutter und die Bäckersleute? „Wir wollen zum lieben Jesulein in der Krippe, im Stall von Bethlehem."

Ja so? Der Schäfer hatte es kaum gehört, da fragte er schon, ob er mitkommen dürfte mit seinen Hunden und seiner Herde?
Das Eselchen blickte den kleinen Engel an, der kleine Engel das Eselchen.
Wiederum ließ der kleine Esel ein lautes I-A hören, und so kam auch der Schäfer mitsamt seinen beiden Hunden, den Schafen und Lämmern mit.

Das Eselchen und der Engel zogen mit ihren Begleitern durch eine kleine Stadt.
Ein paar Leute hasteten durch die Straßen: mit Weihnachtsgeschenken beladen, mit einem Christbaum, mit einer Weihnachtsgans unterm Arm. Alle hatten es eilig, niemand achtete auf das Eselchen und den kleinen Engel und all die anderen, die ihnen nachfolgten auf dem Weg nach Bethlehem.

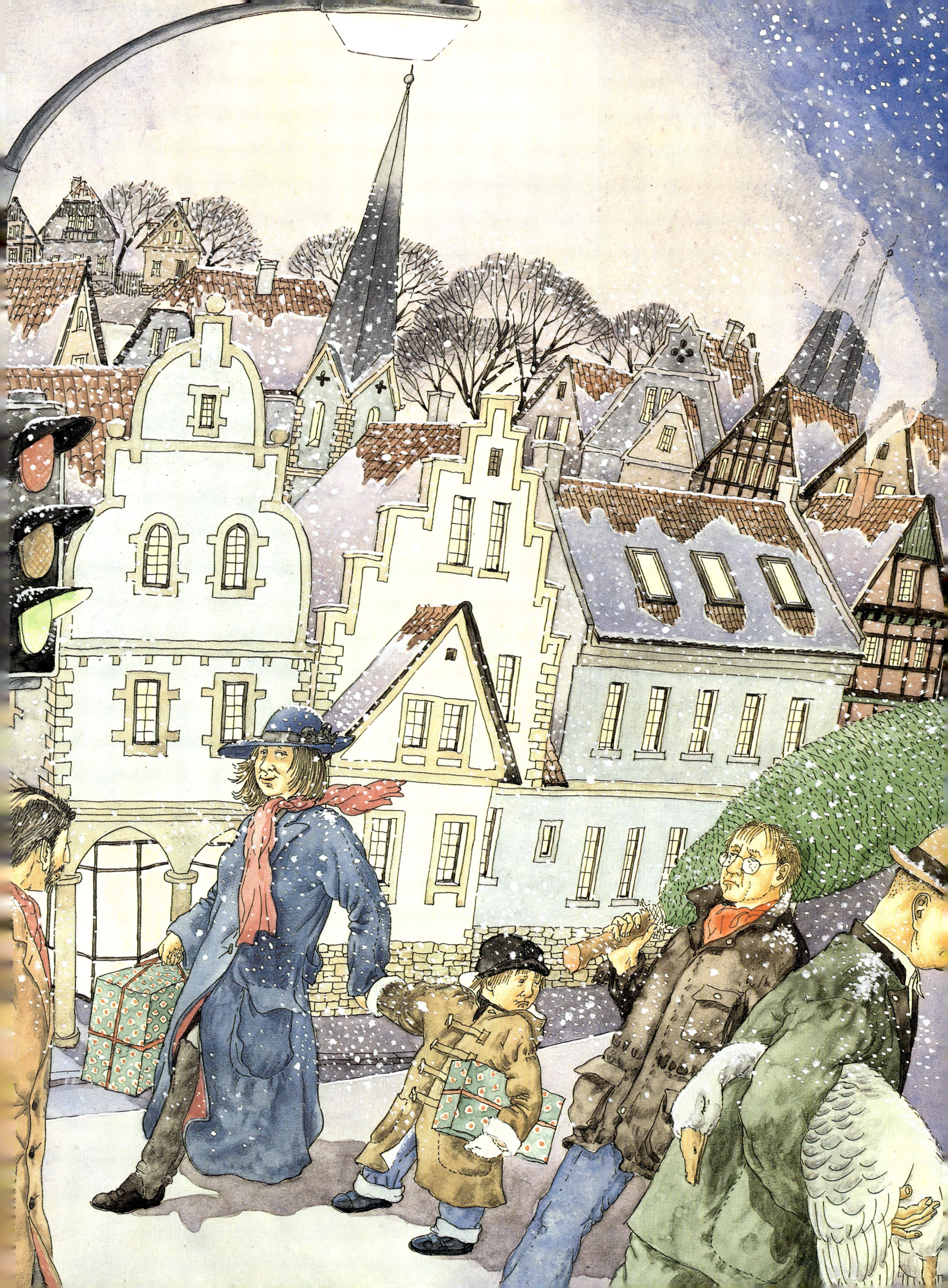

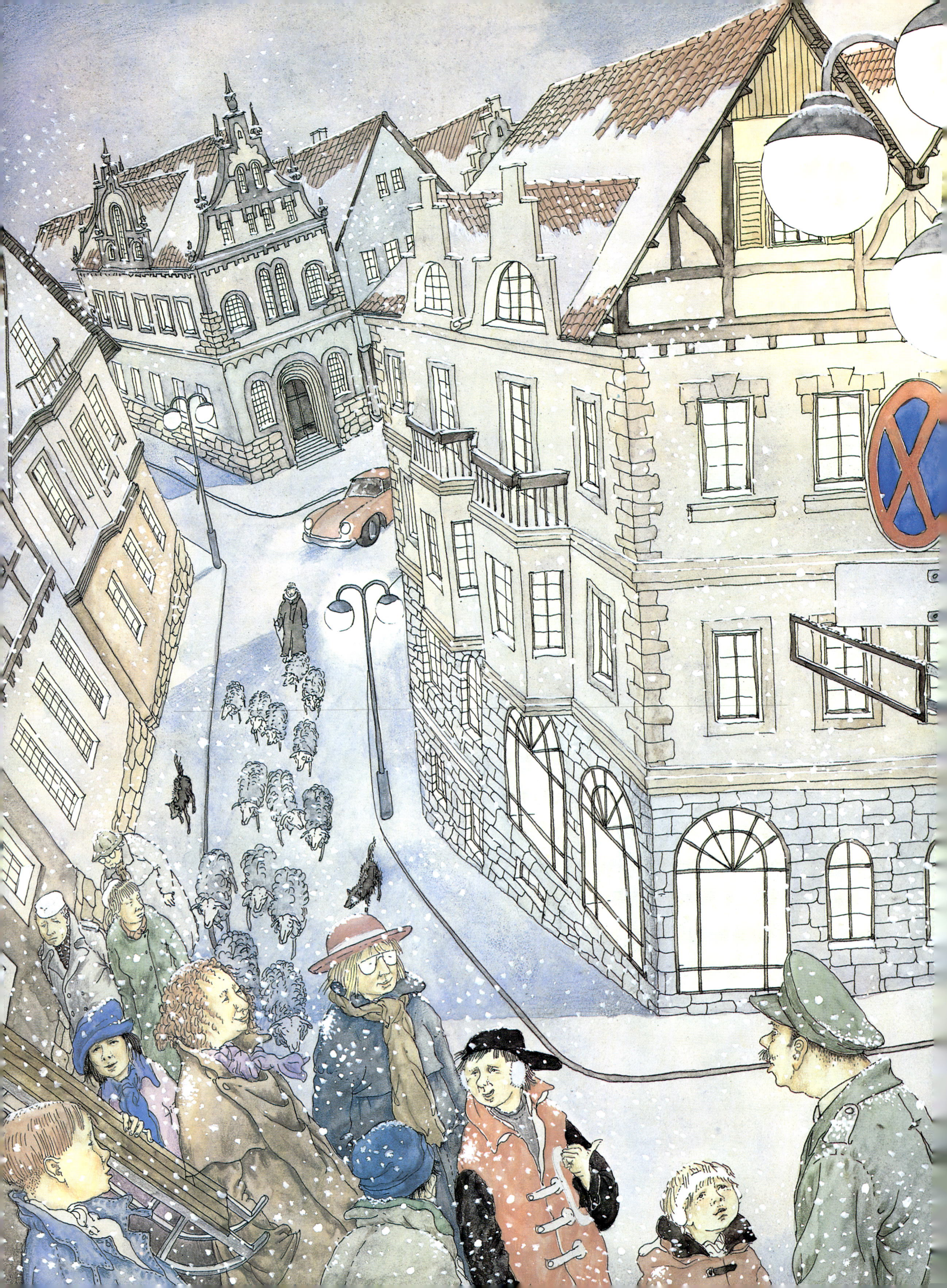

Nur die Würstelfrau in der Würstelbude und der Herr Wachtmeister Dimpfelmoser an der nächsten Ecke bemerkten das Eselchen und den kleinen Engel, die Kinder, die Großmutter und die beiden Mütter, die Bäckersleute, den Schäfer mit seinen Hunden und seiner Herde. Wohin sie denn alle so spät noch wollten? – „Wir wollen zum lieben Jesulein in der Krippe, im Stall von Bethlehem."

Ja so? Die Würstelfrau hatte es kaum gehört, da schloß sie auch schon die Würstelbude und fragte, ob sie denn mitkommen dürfte? Dies fragte auch der Herr Wachtmeister Dimpfelmoser, obzwar er ja von der Polizei und im Dienst war.

Das Eselchen ließ ein lautes I-A hören, und so kamen auch sie mit: die Würstelfrau und der Herr Wachtmeister Dimpfelmoser.

Nun durchquerten sie einen verschneiten Wald. Zwischen den Baumstämmen äugte ein Reh hervor, bald war es ein ganzes Rudel. Der Fuchs schlich herzu, zwei Eichhörnchen kamen herbeigehuscht, drei Hasen musterten sie aus großen Augen.
„Wollt ihr mitkommen?" fragte der kleine Engel. „Wir sind auf dem Weg nach Bethlehem, zu der Krippe im Stall." – Da kamen sie alle mit, die Rehe, der Fuchs, die Eichhörnchen und die Hasen. Sogar der Herr Oberförster Waldmann, der mit seinem Dackel zufällig des Weges kam, folgte ihnen nach.

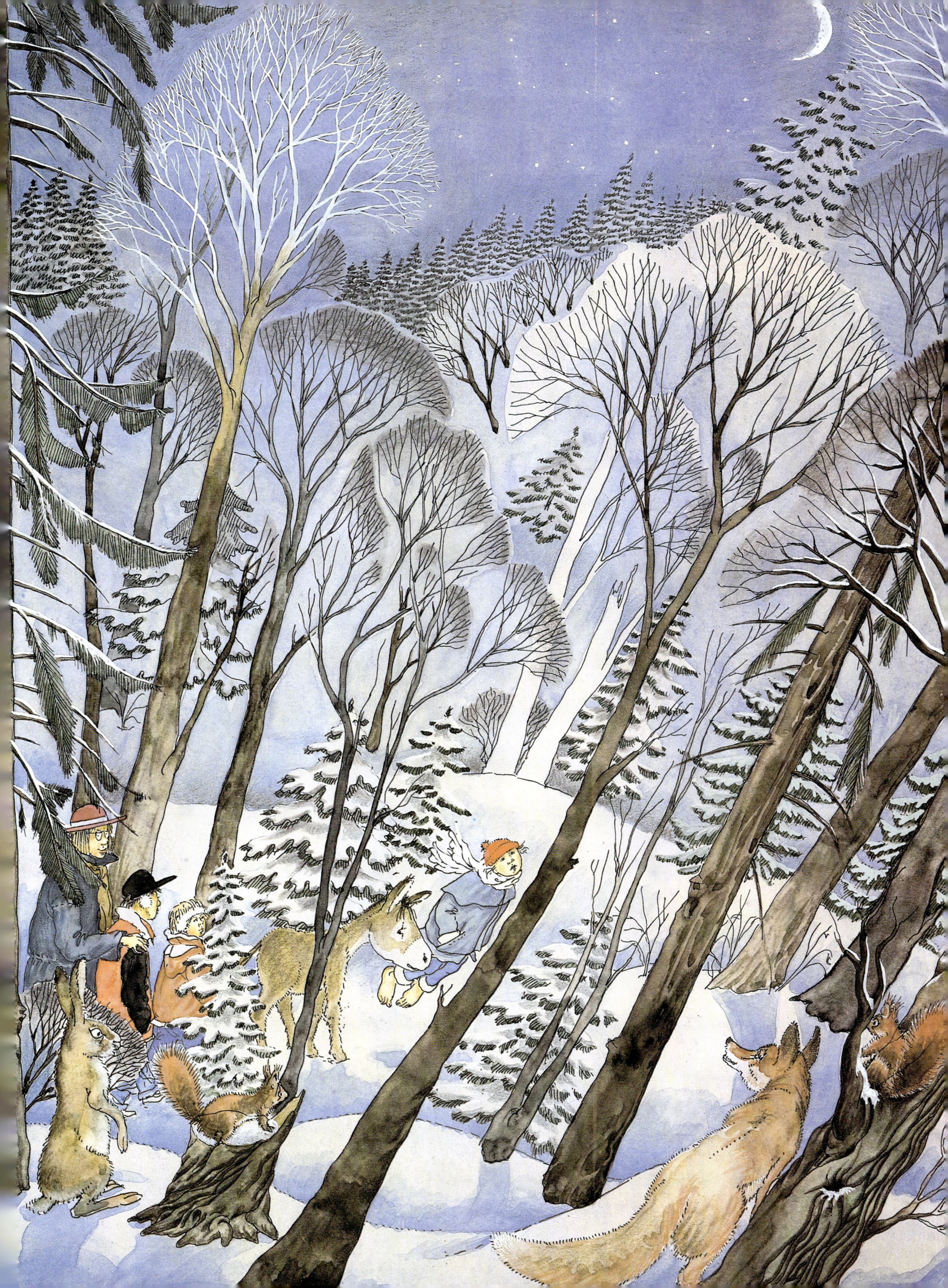

Der Himmel hinter den Hügeln war hell geworden vom Licht des Weihnachtssterns. Und mit jedem Schritt wurde das Himmelszelt heller und immer heller. Was für ein Glanz, dem sie da entgegenwanderten!
Über dem Stall von Bethlehem sangen die Engel des Herrn, die großen, die kleineren und die allerkleinsten: „Ehre sei Gott in der Höhe – und Friede auf Erden allen, die guten Willens sind."
Das hörte sich an wie Orgelklang und Posaunenschall, wie Flöten, Geigen und silberne Glöckchen. Den Menschen wurden die Herzen weit, auch den Tieren. Die Hunde des Schäfers, der Fuchs und der Dackel fingen vor lauter Rührung zu heulen an.

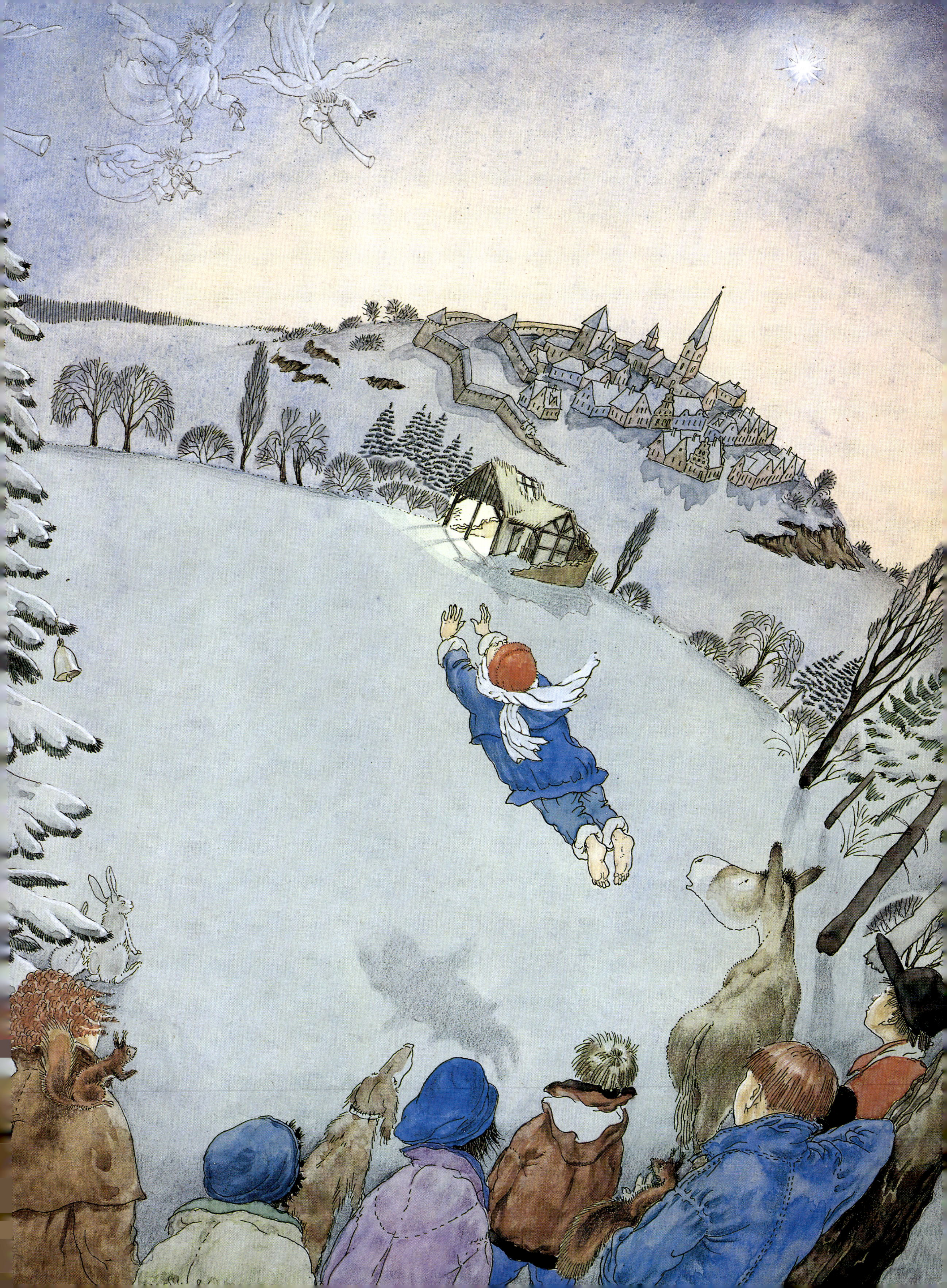

Nun standen sie vor der Krippe: die Kinder, die beiden Mütter, die Großmutter und die Bäckersleute, der Schäfer mit seiner Herde und seinen Hunden, die Würstelfrau und der Herr Wachtmeister Dimpfelmoser, die Tiere des Waldes, der Dackel mit dem Herrn Oberförster. Sie hörten die Engel singen und jubilieren, sie sahen das liebe Jesulein in der Krippe – und alle, alle beugten in Ehrfurcht das Knie und ließen sich von ihm segnen.
Dicht bei der Muttergottes, neben dem heiligen Josef standen ein fremder Ochs und die Mutter des kleinen Esels, die wärmten gemeinsam das liebe Jesulein in der Krippe mit ihrem Atem – genau so, wie es die Eselsmutter dem Eselchen vor dem Einschlafen immer erzählt hatte.

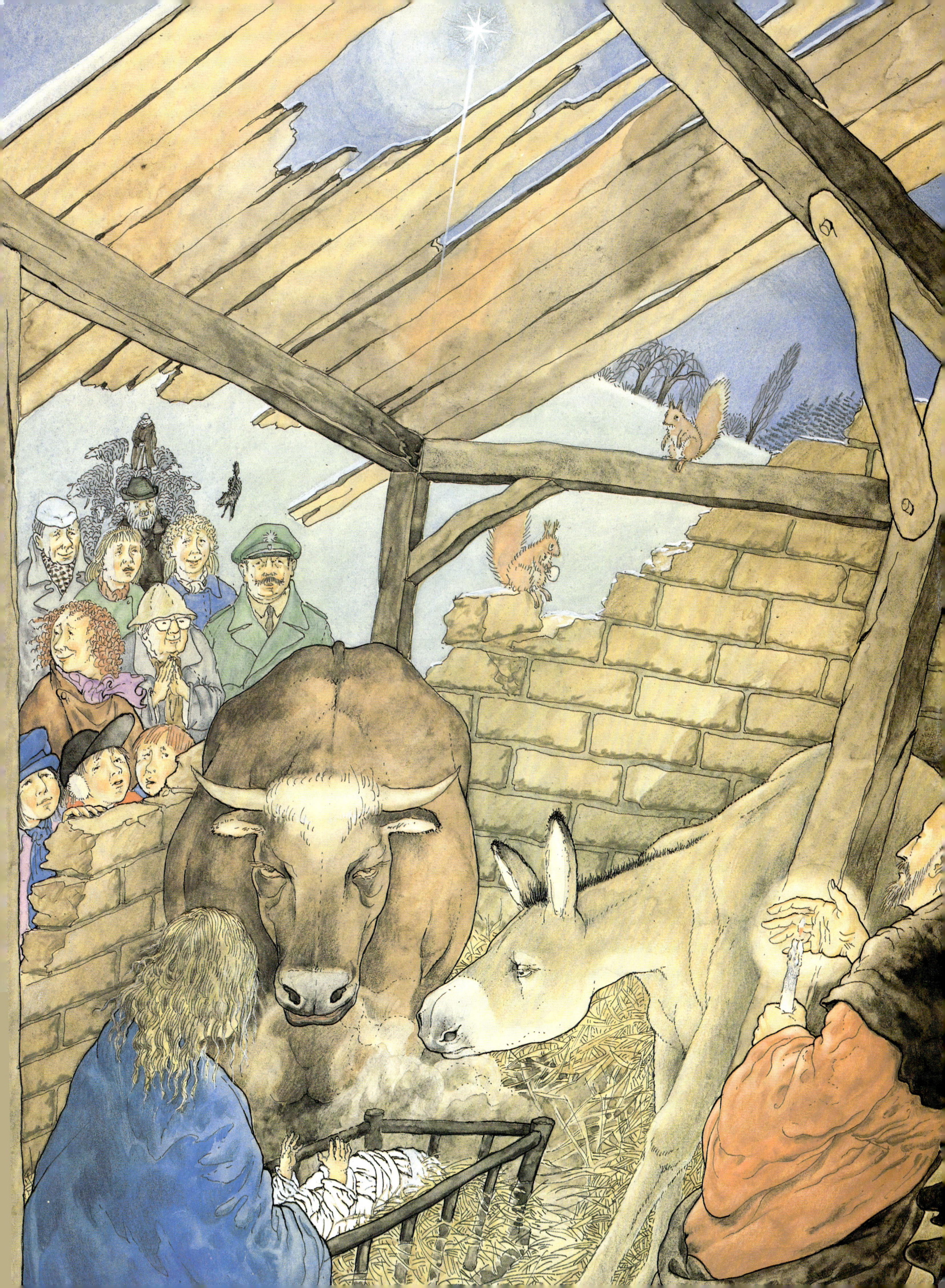

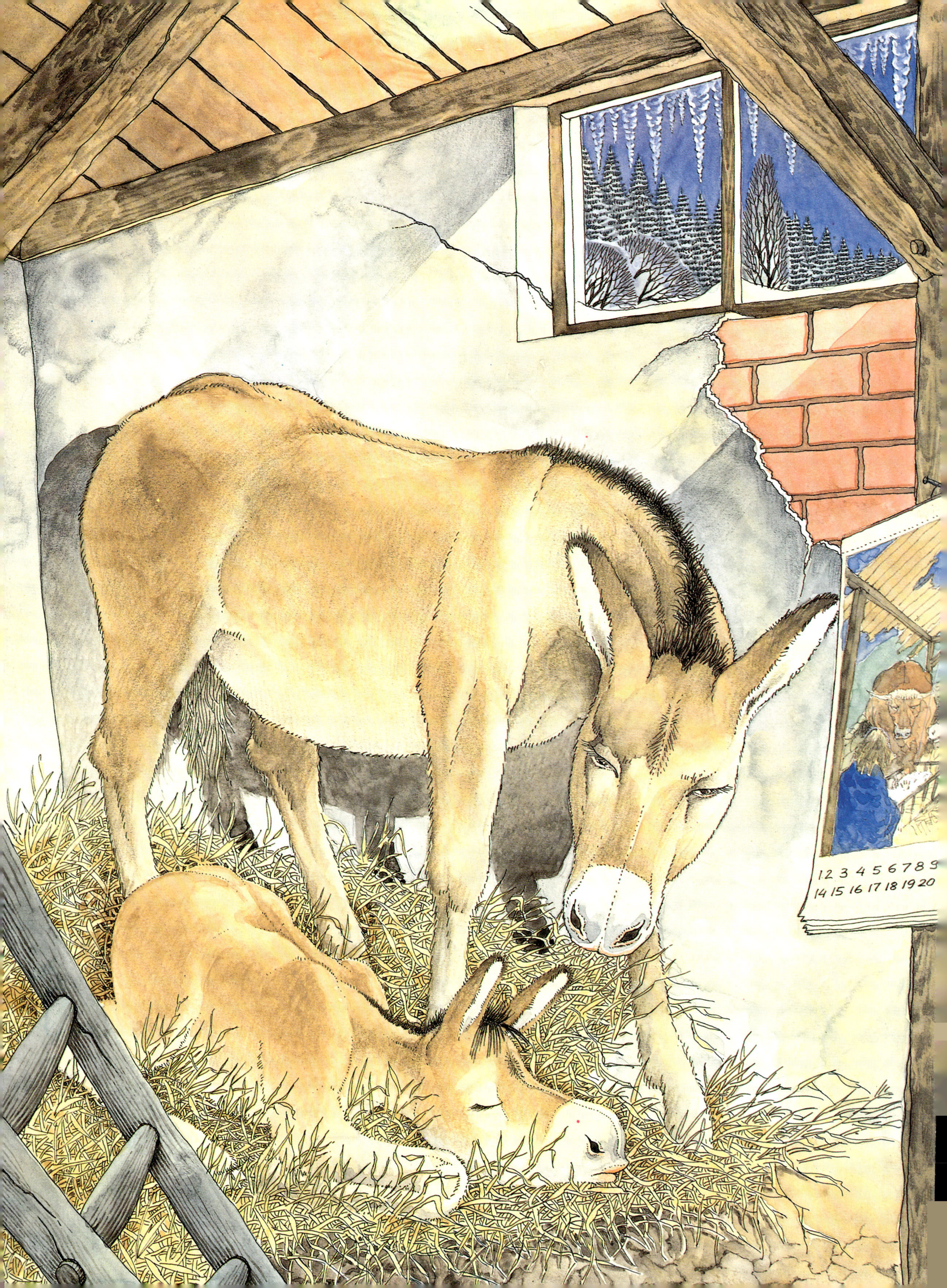
1 2 3 4 5 6 7 8 9
14 15 16 17 18 19 20

Da staunte das Eselchen. War sie nicht tausend und tausend Jahre alt, die Geschichte vom Gotteskind in der Krippe, zur Welt gekommen im Stall von Bethlehem?
„Das Wunder von Bethlehem wiederholt sich an jedem Weihnachtsabend", sagte der kleine Engel. „Du siehst ja, zum Stall von Bethlehem ist es gar nicht weit."
Dann führte der kleine Engel das Eselchen seiner Mutter zu, die das Christkind mit ihrem Atem wärmte, gemeinsam mit jenem Ochsen. Das Eselchen kuschelte sich ihr zu Füßen ins Stroh - und wenn es nicht eingeschlafen wäre vor Glück, dann wäre es sicherlich überaus stolz gewesen auf sie.

OTFRIED PREUSSLER, Jahrgang 1923, stammt aus Reichenberg in Böhmen. Nach dem Krieg und fünf Jahren hinter sowjetischem Stacheldraht kam er nach Oberbayern. Er lebt mit seiner Familie in der Nähe von Rosenheim, war bis 1970 Volksschullehrer und widmet sich seither ausschließlich seiner literarischen Arbeit. Otfried Preußler, der sich selbst mit Vorliebe als Geschichtenerzähler bezeichnet, gilt heute als einer der namhaftesten und erfolgreichsten Autoren Deutschlands. Seine Kinder- und Jugendbücher haben inzwischen weltweit eine Gesamtauflage von fast 40 Millionen Exemplaren erreicht und liegen in rund 250 fremdsprachigen Übersetzungen vor.

JULIAN JUSIM wurde 1946 in Kujbyschew an der Wolga geboren. Von 1964 bis 1970 studierte er an der Moskauer Hochschule Kunst und Architektur. Er arbeitete als Architekt, seine künstlerischen Arbeiten stellte er ab 1973 in Moskau aus. 1983 übersiedelte er nach Deutschland. Er arbeitet freiberuflich als Grafik-Designer und Architekt in Bielefeld.